LETTRES

DE

M. A. JOLLIVET,

MEMBRE DE LA CHAMBRE DES DÉPUTÉS,

DÉLÉGUÉ DE LA MARTINIQUE,

AU RÉDACTEUR

DU

JOURNAL DES DÉBATS.

PARIS,

IMPRIMERIE DE BRUNEAU, RUE CROIX-DES-PETITS-CHAMPS, 33.

1844.

LETTRE DE M. A. JOLLIVET,

Membre de la Chambre des Députés, délégué de la Martinique,

AU RÉDACTEUR DU *JOURNAL DES DÉBATS* (1).

Paris, 9 octobre 1844.

Monsieur le Rédacteur,

Je lis dans votre journal : « Nous voulons une discussion approfondie sur la question de l'émancipation, nous la voulons loyale, et nous en donnons la preuve en accueillant les réclamations sérieuses des délégués des colonies. »

Je vous remercie de votre bienveillante im-

(1) Le *Journal des Débats* n'a point inséré ma lettre malgré ses protestations de loyauté ; il a refusé la discussion qu'il avait provoquée, confessant ainsi la faiblesse d'une cause qui ne peut supporter la controverse. Ma lettre a reçu du reste la publicité de la *Presse*, du *Courrier Français*, du *Globe*, de la *France*, de la *Gazette de France*, etc.

partialité, monsieur le rédacteur, et je viens vous prier d'accueillir des réclamations que je crois sérieuses sur votre article de ce jour, 9 octobre.

Vous reconnaissez que l'émancipation des noirs dans les colonies anglaises a amené une diminution d'*un quart* dans la production du sucre; vous citez à ce sujet le rapport de M. le duc de Broglie. Permettez-moi d'invoquer une autorité plus grave en cette matière, celle de lord *Stanley*, auteur de l'acte d'émancipation de 1833, et ministre des colonies d'Angleterre. L'intérêt qu'il porte à son œuvre ne l'a pas empêché de reconnaître en plein Parlement, dans la séance de la Chambre des communes du 22 mars 1842, « que les colons des Indes occidentales ne peu- » vent se procurer le travail des noirs, malgré » l'offre de salaires exorbitans, énormes, extra- » vagans. Leur principale production, le sucre, » qui, dans les six années antérieures à l'éman- » cipation, s'élevait à 390,503,400 livres, est » tombée en 1841 à 221,022,600, et va cesser, » si on ne trouve un remède prompt, efficace, » qui conjure leur ruine. »

La diminution de la production du sucre n'est

pas, comme vous le voyez, d'un quart seulement, mais de beaucoup plus d'*un tiers.*

Vous attribuez cette diminution en partie aux
propriétaires qui ont converti leurs planta-
tions en pâturages et à l'influence des saisons ;
vous ajoutez que le Gouvernement anglais peut
revendiquer aussi sa part de responsabilité.

Je réponds que ce seraient là des causes ac-
cessoires, quand la cause principale est le refus
du travail des noirs et l'irrégularité du travail.
C'est ce qui résulte des enquêtes parlementaires
et ce qui est constaté par le rapport du comité
de la Chambre des communes (1) :

« Les produits de la grande culture ont dimi-
» nué à tel point, que les propriétaires ont con-
» sidérablement souffert, et que même plusieurs
» d'entre eux sont aujourd'hui complètement
» ruinés.

» Des habitations qui, avant l'émancipation,
» étaient prospères et productives, n'ont pu con-
» tinuer leur culture sans des pertes considéra-

(1) Procès-verbaux de l'enquête du comité nommé par
la Chambre des communes dans la séance du 22 mars 1842,
introduction, page 4.

» bles, et d'autres ont été entièrement aban-
» données.

» La principale cause de cette diminution des
» revenus et de la détresse des planteurs, est
» d'abord la grande difficulté qu'ils éprouvent à
» obtenir un travail constant et actif, et ensuite
» le taux énorme des salaires qu'ils paient pour
» le travail incomplet et irrégulier qu'ils par-
» viennent à se procurer. »

L'émancipation des noirs aurait-elle dans nos
colonies des résultats meilleurs?

Comment pourrait-on l'espérer quand on ré-
fléchit aux circonstances, comparativement fa-
vorables, dans lesquelles se trouvaient l'Angleterre et ses colonies, au moment de l'émancipation?

1° Les noirs des colonies anglaises étaient
presque tous créoles, la traite ayant été suppri-
mée dès 1807. Ils étaient plus avancés en civilisation que les noirs des colonies françaises.

2° Le Gouvernement anglais a donné à ses
colons une indemnité de 500 millions, indemnité qui a permis d'élever les salaires; et qui,
pour me servir d'une expression que j'emprunte
à un magistrat de nos colonies, a été *une chaîne*

d'or qui a pendant quelque temps, du moins, atta-
ché le noir au sol.

3° Il n'existe point de sucre indigène en Angleterre, et la concurrence du sucre étranger a
été empêchée par une surtaxe prohibitive de
102 fr. par 100 kil.

Cette situation privilégiée a permis de vendre
dans les colonies anglaises 40, 45, 50, 55 et jusqu'à 60 fr. les sucres qui se vendaient de 20
à 25 fr. dans les colonies françaises.

4° Les colons anglais ont pu payer aux noirs
émancipés 2, 3, 4 et jusqu'à 5 fr. par jour.

Il résulte des rapports du gouverneur et des
conseils privés de nos colonies, que les prix du
sucre étant à 25 fr. les 50 kil., nos colons ne
pourraient payer aux noirs que 60 c. par jour (1)!
Est-ce avec un salaire aussi modique que les colons français maintiendraient le travail des noirs
à la culture, lorsque, de votre aveu, tant de
causes les incitent à l'abandonner?

Quelles seraient les conséquences de l'aban-

(1) Délibération et avis des conseils spéciaux de la Guade-
loupe, pages 35 et 36 ; de la Martinique, page 28 ; de la
Guyane, page 36.

don de la production des sucres dans les colonies? *Sir Charles Metcalfe*, ancien gouverneur de la Jamaïque et abolitioniste ardent, l'a dit dans l'enquête de la Chambre des communes.

« La première conséquence serait l'abandon des colonies par la race blanche; et cet abandon serait fatal aux noirs, qui ne sont pas assez avancés en civilisation pour se suffire à eux-mêmes. »

L'abandon de la culture des sucres aurait pour conséquence ultérieure la cessation d'un commerce d'importation et d'exportation qui s'élève annuellement à plus de 100 millions, de transports maritimes qui ont occupé en moyenne 350 navires et 95,000 tonneaux; c'est-à-dire, plus de la moitié de notre navigation au long cours, en navires et en tonnage.

L'émancipation des noirs met en question de grands intérêts nationaux auxquels les intérêts des colons se lient d'une manière directe et intime.

Représentant des colonies, je voudrais pouvoir partager votre opinion sur les résultats de l'émancipation dans les colonies anglaises; mais malheureusement j'ai lu les rapports de leurs gouverneurs, les enquêtes parlementaires, et je suis forcé de penser, avec le comité de la Chambre des communes :

« Que la situation des colonies anglaises, si elle n'est pas désespérée, est loin d'être satisfaisante ; que la détresse qui les afflige n'est que trop réelle ; qu'il faut s'en occuper sans retard et chercher un remède, si toutefois il en est qui puisse soulager efficacement une misère aussi profonde (1). »

Des sommes énormes, votées récemment par les législatures des colonies anglaises (12,500,000 francs par une seule colonie, la Guyane anglaise), pour l'immigration de nouveaux travailleurs ; un projet de prêt de 40 millions, annoncé par lord Stanley dans la dernière session, ne laissent aucun doute sur la situation périlleuse des colonies anglaises depuis l'émancipation.

Avant de commencer, dans des circonstances d'infériorité que vous reconnaîtrez vous-même, une nouvelle expérience dans les colonies fran-

______

(1) Rapport du comité nommé dans la séance de la Chambre des communes, du 22 mars 1842, introduction, page 4.

çaises, la prudence commande d'attendre les résultats définitifs de l'émancipation des noirs dans les colonies anglaises.

L'intérêt national le commande aussi ; car nous n'aurions pas comme l'Angleterre, si nous ruinions nos colonies d'Amérique, l'Inde pour nous dédommager.

Recevez, monsieur le rédacteur, etc.

A. JOLLIVET,

Membre de la Chambre des Députés,
Délégué de la Martinique.

Imprimerie de Bruneau, rue Croix-des-Petits-Champs, 33.

IIe LETTRE DE M. A. JOLLIVET,

Membre de la Chambre des Députés, délégué de la Martinique,

AU RÉDACTEUR DU *JOURNAL DES DÉBATS.*

Paris, 17 octobre.

MONSIEUR LE RÉDACTEUR,

Je m'étais trop hâté de vous remercier de votre *bienveillante impartialité*, mais ce n'était pas ma faute. J'avais lu textuellement dans votre journal : « Nous voulons une discussion approfondie sur la question de l'émancipation ; nous la voulons loyale et nous en donnons la preuve en accueillant *les réclamations sérieuses des délégués des colonies.* »

J'ai donc pu croire un moment que vous désiriez sincèrement une discussion approfondie, contradictoire, et je suis excusable d'avoir répondu à votre appel.

Votre article était du 9, ma réponse était du 9.

Vous conviendrez que je ne pouvais pas mettre plus d'empressement.

Vous avez jugé prudent de reculer devant un
débat que vous aviez en quelque sorte pro-
voqué.

Vous en étiez parfaitement maître.

Il est vrai que je citais dans ma réponse des
autorités qui pouvaient bien quelque peu gêner
vos raisonnemens, déranger vos calculs.

Qui sait si vous aviez envie de mettre sous les
yeux de vos lecteurs ces paroles de lord Stanley,
ministre des colonies d'Angleterre, dans la
Chambre des communes, séance du 22 mars
1842 ?

« Les colons des Indes occidentales ne peu-
» vent se procurer le travail des noirs, malgré
» l'offre de salaires exorbitans, énormes, extra-
» vagans; leur principale production; le sucre,
» qui, dans les six années antérieures à l'émanci-
» pation, s'élevait à 390,503,400 livres, est
» tombée, en 1841, à 221,022,600 livres, et va
» cesser si on ne trouve un remède prompt,
» efficace, qui conjure leur ruine. »

On est impartial ; mais lorsqu'on a vanté les
heureux résultats de l'émancipation dans les

colonies anglaises, on répugne à reproduire le rapport d'un comité de la Chambre des communes (juin 1842), quand ce comité se permet de constater : « que les produits de la grande culture ont notablement diminué ; que les colons ont considérablement souffert, et que même plusieurs d'entre eux sont aujourd'hui complètement ruinés.

» Des habitations, qui, avant l'émancipation, étaient prospères et productives, n'ont pu continuer les cultures sans des pertes considérables, et d'autres ont été entièrement abandonnées.

» La détresse des colonies est au comble. »

Entre nous, Monsieur le Rédacteur, n'avez-vous pas craint que vos lecteurs fissent cette réflexion toute naturelle :

Le ministre des colonies et la Chambre des communes d'Angleterre doivent savoir quelque chose de la situation des colonies anglaises ; et malgré notre respectueuse déférence pour le *Journal des Débats*, comment ne croirions-nous pas lord Stanley, l'auteur de l'acte du Parlement de 1833 qui a prononcé l'émancipation des noirs, lorsque, malgré l'intérêt qu'il doit porter et qu'il porte à son œuvre, il vient publiquement confesser que la production coloniale est en décadence depuis l'émancipation , et qu'elle est menacée de ruine?

Avouez, Monsieur le Rédacteur, que vous n'avez pas admis ma réclamation, non parce qu'elle n'était pas *sérieuse*, mais parce qu'elle l'était trop.

Ne vaudrait-il pas mieux faire naïvement cet aveu, que d'aller chercher votre justification dans un fait dont vous connaissez l'inexactitude?

Comment pouvez-vous dire, dans votre numéro de ce jour, 17 octobre, que si vous n'avez pas accueilli ma lettre du 9, c'est qu'elle avait reçu la publicité de plusieurs journaux *avant de vous parvenir ?*

Vous m'aviez invité de si bonne grâce à vous répondre, que je vous devais les prémices de ma correspondance; aussi, vous l'ai-je portée moi-même le 9, à 2 heures de l'après-midi ; et c'est le 11 seulement que d'autres journaux ont bien voulu m'accorder la publicité que vous me refusiez, après me l'avoir si généreusement offerte.

Aujourd'hui encore, je vous porterai ma

lettre, et tout d'abord à vous seul ; mais permettez-moi de vous le dire, je doute que vous
l'insériez, ou plutôt je suis certain que vous ne
l'insérerez pas.

L'expérience m'a appris que vos protestations d'impartialité, en matière d'émancipation, étaient de vaines paroles ; que vous avez
sur cette question un parti pris ; que vous êtes
en parfaite communion avec MM. Alexander et
Scoble, de l'*Anti - Slavery Society*; M. Prit-
chard et les missionnaires anglais ; et qu'il vous
coûterait trop de rompre avec *Exeter-Hall*.

Veuillez, Monsieur le Rédacteur, agréer l'as-
surance de mes sentimens distingués.

A. JOLLIVET.

Imprimerie de Bruneau, rue Croix-des-Petits-Champs, 33.